yukismart.com/b/6e4976
AF364342
1
2

girl

เด็กผู้หญิง

dek phuying

boy

เด็กผู้ชาย

dekphuchai

mommy

แม่

mae

daddy

พ่อ

pho

young

เยาว์วัย

yaowai

old

แก่

kae

child

เด็ก

dek

adult

ผู้ใหญ่

phuyai

accept

ยอมรับ

yomrap

refuse

ปฏิเสธ

patiset

yes
ใช่
chai

no
ไม่
mai

smile

ยิ้ม

yim

cry

ร้องไห้

ronghai

happy
มีความสุข
mi khwamsuk

sad
เศร้า
sao

alone

คนเดียว

khon diao

together

ด้วยกัน

duaikan

noise

เสียงดัง

siang dang

quiet

เงียบ

ngiap

hot

ร้อน

ron

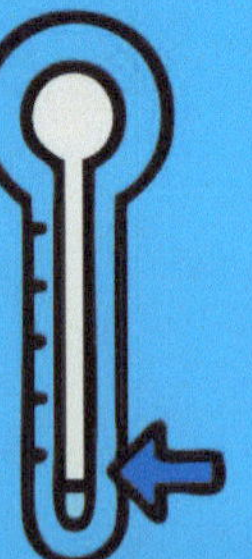

cold

เย็น

yen

a little
นิดหน่อย

nitnoi

a lot
มาก

mak

solid
แข็ง

khaeng

liquid
ของเหลว

khongleo

short
ส้น

san

long
ยาว

yao

slow
ช้า

cha

fast
เร็ว

reo

tiny
จิ๋ว
chio

small
เล็ก
lek

big
ใหญ่
yai

huge
ใหญ่โต
yaito

in
ใน
nai

out
นอก
nok

inflated
พอง
phong

deflated
แฟบ
faep

on

บน

bon

under

ใต้

tai

dirty

สกปรก

sokkaprok

clean

สะอาด

sa-at

identical

เหมือนกัน

mueankan

different

ต่าง

tang

left

ซ้าย

sai

right

ขวา

khwa

1 + 1 = 5

wrong

ผิด

phit

1 + 1 = 2

correct

ถูกต้อง

thuktong

thin

บาง

bang

thick

หนา

na

easy

ง่าย

ngai

difficult

ยาก

yak

close

ปิด

pit

open

เปิด

poet

tall

สูง

sung

short

เตี้ย

tia

healthy

สุขภาพดี

sukkhaphap di

sick

ป่วย

puai

day

กลางวัน

klangwan

night

กลางคืน

klangkhuen

play

เล่น

len

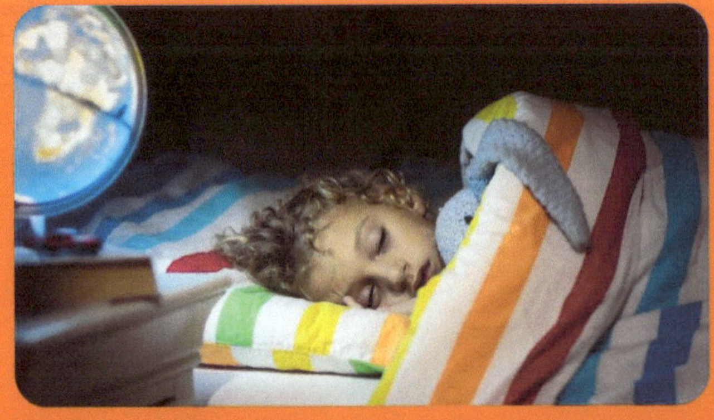

sleep

นอนหลับ

nonlap

sunny
ท้องฟ้าแจ่มใส
thongfa chaemsai

cloudy
เมฆมาก
mekmak

rainy
ฝนตก
fontok

stormy
มีพายุ
mi phayu

white

ขาว

khao

black

ดำ

dam

light colors

สีอ่อน

si-on

dark colors

สีเข้ม

si khem

sweet

หวาน

wan

sour

เปรี้ยว

priao

salty

เค็ม

khem

bitter

ขม

khom

whole
ทั้งหมด

thangmot

half
ครึ่ง

khrueng

full
เต็ม

tem

empty
ว่างเปล่า

wangplao

eat

กิน

kin

drink

ดื่ม

duem

near
ใกล้
klai
far
ไกล
klai

there

ทีนั้น

thinan

here

ทีนี

thini

stand up

ยืนขึ้น

yuen khuen

lay down

นอนลง

non long

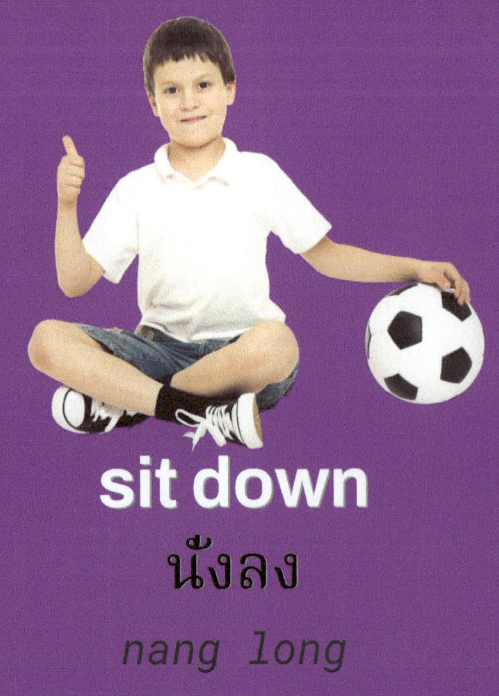

sit down

นั่งลง

nang long

curly hair

ผมหยิก

phomyik

straight hair

ผมตรง

phom trong

soaked

เปียกโชก

piak chok

wet

เปียก

piak

dry

แห้ง

haeng

in front of
ข้างหน้า
khangna

behind
ข้างหลัง
khanglang

between
ระหว่าง
rawang

beside
ข้าง
khang

roof

หลังคา

langkha

floor

พื้น

phuen

heavy

หนัก

nak

light

เบา

bao

fragile
บอบบาง
bopbang

hardy
บึกบึน
buekbuen

weak
อ่อนแอ
on-ae

strong
แข็งแรง
khaengraeng

sharp

คม

khom

soft

นุ่ม

num

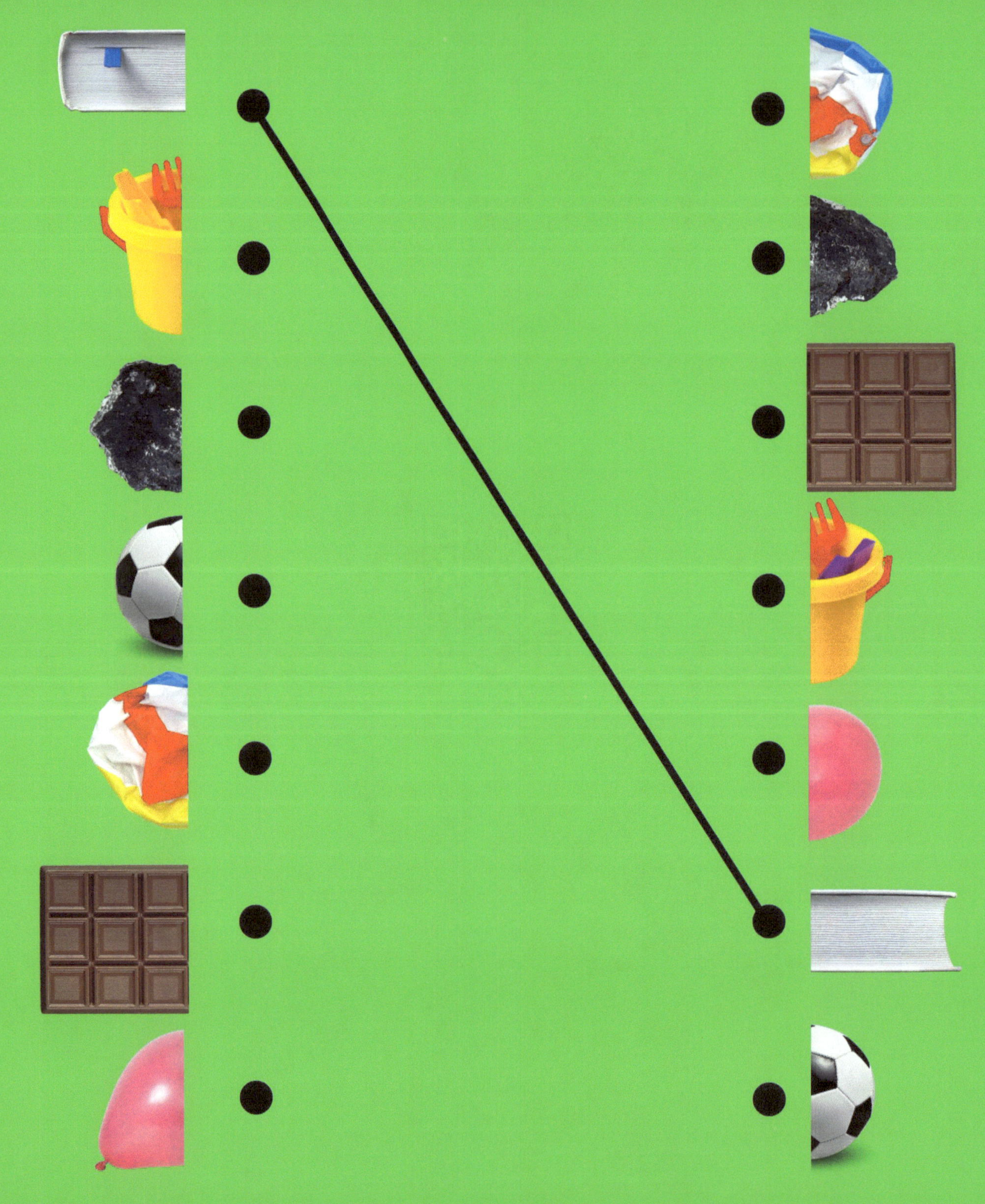